Im 12. Jh. entwickelte sich die Stadt zunehmend durch Handwerk und Handel; dokumentiert wird dies durch bedeutende Bauten wie die Peterskirche auf dem Petersberg, den romanischen Vorgängerbau des Mariendomes als Hauptpfarrkirche der Stadt und die Schottenkirche. Diese Entwicklung erreichte ihren Höhepunkt im 14. Jh. – die Stadt hatte eine relative Unabhängigkeit unter der Herrschaft der Mainzer Erzbischöfe erlangt; verstärkte Handelstätigkeit, besonders um die hier angebaute Waidpflanze, die Gründung der Erfurter Universität 1392 und die Errichtung der steinernen Bögen der Krämerbrücke 1325 trugen wesentlich dazu bei. Die Universität wurde Anfang des 16. Jh. führend im Wissenschaftsleben Deutschlands und bedeutende Stätte des neuen deutschen Humanismus. Nach einem wirtschaftlichen Stillstand und Verfall im 15. und 16. Jahrhundert gab es Ende des 16./Anfang des 17. Jh. eine Nachblüte, die am Bau einer Reihe stattlicher Bürgerhäuser der Renaissance erkennbar ist.
Nach dem Westfälischen Frieden wurde Erfurt Ende des 17. Jh. kurmainzische Landstadt und verlor ihre Unabhängigkeit und Freiheit. Unter Statthalter Philipp Wilhelm von Boyneburg (1702 – 1717) entstanden Anfang des 18. Jh. einige wichtige Barockbauten wie das kurmainzische Palais des Mainzer Architekten Maximilian von Welsch. In dieser absolutistischen Zeit der Armut und des Verfalls konnte der progressive Mainzer Statthalter Karl Theodor von Dalberg (1772 – 1802) trotz seiner engen Beziehungen zu den großen Geisteswissenschaftlern seiner Zeit und trotz verschiedener Bemühungen um Reformen und um die Förderung von Handel und Industrie nur bedingt wirksam werden.
1848 erhielt Erfurt Anschluß an das neue deutsche Eisenbahnnetz. Durch die rasch einsetzende Industrialisierung wuchs die Einwohnerzahl bis 1914 auf 100 000. Im 2. Weltkrieg erlitt Erfurt nur relativ geringe Schäden. 1952 wurde es Hauptstadt des gleichnamigen Verwaltungsbezirkes. Seit Herbst 1990 ist Erfurt mit ca. 215 000 Einwohnern Landeshauptstadt des Bundeslandes Thüringen.

Bestandszeichnung: Meinhardt, 1926 (Dachform Langhaus im Zustand nach 1868 und vor 1968)

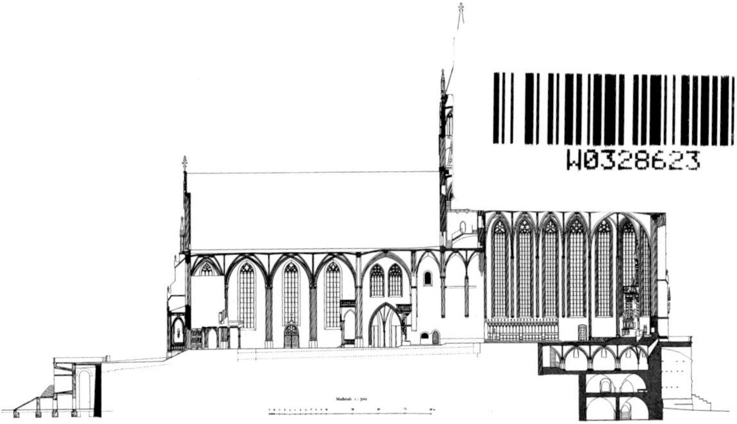

Baugeschichte des Domes in Zahlen

742	bittet der hl. Bonifatius Papst Zacharias, die Errichtung der Bistümer Würzburg, Büraberg (später Fritzlar) und Erfurt zu bestätigen, wodurch die Marienkirche zur Bischofskirche wird
752	läßt Bischof Bonifatius auf dem Domberg ein Münster errichten
1153	Einsturz dieser „major ecclesia"
1154	Baubeginn einer romanischen Basilika auf dem Domberg
1170	ist dieser Neubau bereits benutzbar
1182	am 20. 6. findet seine Weihe statt
1201	Fertigstellung des Südturmes
1237	Fertigstellung des Nordturmes
1253	Die in vielen Quellen erwähnte Weihe 1253 kann nur einem Umbau gegolten haben, entweder einer Chorerweiterung oder einer Choreinwölbung
1290	Weihe der 1. Chorverlängerung östlich des romanischen Sanktuariums
vor 1307	Fertigstellung des Mittelturmes
bis 1329	Bau der Kavaten - Unterbau für den Hohen Chor
1329-1337	Erhöhung des Querhauses und des westlichen Teiles des romanischen Chores
um 1330	Triangel-Portalvorbau an der Nordseite des nördlichen Querhauses errichtet
1349	Grundsteinlegung für den jetzigen Hohen Chor
1353	Weihe der Krypta unterhalb des Hohen Chores
1370/72	Weihe des Hohen Chores durch Bischof Friedrich Rudolf von Stollberg
1455	Abriß des Langhauses der romanischen Basilika und Baubeginn der spätgotischen Halle
1465	ist dieses neue Langhaus bereits nutzbar
1697-1707	Anfertigung und Aufstellung des barocken Hochaltares
1828	Beginn eines umfangreichen Restaurierungs- und Umbauprogrammes
1868	Umbau des spätgotischen Langhausdaches
1968	Demontage der neugotischen Dachkonstruktion und Errichtung eines neuen Daches in der spätgotischen Form
1979	Beginn der Steinsanierungsarbeiten und der Sicherung der mittelalterlichen Glasmalerei des Hohen Chores

DAS BAUWERK

Baugestalt und Grundriß. Als eine der beeindruckendsten Schöpfungen mittelalterlicher Baukunst bekrönt die Gruppe des Domes Beatae Mariae Virginis und der St.-Severi-Kirche den Hügel über der Stadt Erfurt. Abweichend von üblichen Lösungen bei Kathedralen dieser Zeit wird die Hauptschauseite hier nicht durch eine repräsentative Westfassade gebildet, sondern man erlebt den Domberg mit seinen Bauten von der östlich gelegenen Altstadt her kommend. Links erhebt sich der Dom mit seinem Hohen Chor im Vordergrund, der in Ermangelung gewachsenen Baugrundes auf künstlich geschaffenen Unterbauten, den Kavaten, steht;

Dom mit Domstufen von Nordosten

rechts mehr im Hintergrund die Severikirche mit den schlanken Helmen der drei Osttürme, vorgelagert Wohnhäuser, die in ihrer Gliederung maßstabbildend für den grandiosen Hintergrund wirken. Über eine großzügige Freitreppe erreicht man das Plateau, wird durch den Triangel-Portalvorbau gleichsam in den Dom hineingezogen.

Grundriß und Baugestalt sind, im Unterschied zur benachbarten Severikirche, nicht aus einem Guß, spiegeln die Geschichte jahrhundertelangen Bauens am Dom wider (vgl. Grundriß S. 39). Die kreuzförmige Anlage des Grundrisses ist nur noch schwer erkennbar. Der Langhaus-Halle schließt sich östlich ein Querhaus an. Dessen Nordseite vorgelagert ist der Triangel-Portalvorbau als Haupteingang. Die Südseite des Querhauses springt nur wenig hinter die Linie der südlichen Langhausseite zurück, bedingt durch die mit dem Bau des Langhauses erfolgte Verbreiterung des nördlichen und südlichen Seitenschiffes. Als Verbindung zwischen Langhaus und Hohem Chor, aber auch als optische Zäsur gilt der östlich der Vierung gelegene zweieinhalbjochige Chorhals, das Sanktuarium des ehemaligen spätromanischen Domes. Der Chorhals wird an seinem nordöstlichen und südöstlichen Ende flankiert von Nord- und Südturm, seitlich davon im Norden die Sakristei, im Süden eine Kapelle, die mit je einer Arkade zum Querhaus und zum Chorhals hin geöffnet ist. Den östlichen Abschluß bildet der Hohe Chor.

Die Kapitelgebäude schließen südlich an den Dom an, und zwar der westliche Teil an das 2. westliche Langhausjoch und der östliche an die Südseiten von Chorhals und Südturm.

Der romanische Vorgängerbau. Bereits ein Jahr nach dem Zusammensturz der Hauptkirche Erfurts auf dem Domberg, über deren Gestalt bisher nichts bekannt war, wird 1154 mit dem Bau einer neuen Kirche begonnen. Vorbild und Ansporn dafür können die Neubauten der benachbarten Kirchen St. Severi und St. Petri gewesen sein, die nach einem Brand 1142 zerstört worden waren. Wir haben uns die neue Kirche vorzustellen als eine spätromanische Basilika mit kreuzförmigem Grundriß. Das Langhaus bestand aus einem Mittelschiff in annähernder Ausdehnung wie das Mittelschiff der jetzigen spätgotischen Halle, besaß jedoch zwei niedrigere und schmälere Seitenschiffe. Östlich davon schloß sich deutlich abgesetzt das Querhaus an, dessen nördlicher Arm aufgrund der örtlichen Gegebenheiten wesentlich länger ist als der südliche. Diese Teile waren wahrscheinlich flach gedeckt; möglicherweise waren die Seitenschiffe eingewölbt.

Der romanische Hohe Chor, im jetzigen Dom als Chorhals weiterlebend, bildete den östlichen Abschluß. Seine Ostseite bestand aus den östlichen Wänden des flankierenden Nord- und Südturmes sowie einer leicht zurückgesetzten geraden Wand zwischen den Türmen. Zumindest bis 1238 war dieses Sanktuarium flachgedeckt, danach dürfte es bis spätestens 1253 mit einem Kreuzgratgewölbe versehen worden sein.

Der spätromanische Dom war an seiner Ostseite flankiert von zwei massigen Türmen nördlich und südlich des ehemaligen Hohen Chores. Sie waren 1201 bzw. 1237 fertiggestellt. Ihre oberen Geschosse wurden nach Bränden des 15. und 18. Jh. in der Folgezeit mehrfach ergänzt und umgebaut. Von diesem romanischen Dom sind heute gut erhalten und zu sehen: der Süd- und Nordturm, die östliche und die südliche Querhauswand, die westliche Wand des nördlichen Querhauses und vor allem der Chor (heute Chorhals) mit seinen nördlich und südlich vorgelagerten Räumen.

Maßwerke an der Nordseite des Hohen Chors

Grabungen. Bei archäologischen Ausgrabungen im Erfurter Dom wurden Ende 1991 unter dem jetzigen Fußboden wesentliche Reste mehrerer Vorgängerbauten aufgedeckt. Die Untersuchungen begannen im Westteil des Langhauses, als bei Sondierungen für den Einbau der neuen Orgel mehrere Steinsetzungen zum Vorschein kamen. Zu der ältesten, auf dem untersten Niveau in über drei Metern Tiefe erfaßten Kirche gehört eine aus einfachem Mauerwerk errichtete Westapside, die beim Bau der folgenden romanischen Kirche überschnitten und teilweise abgetragen wurde. Anhaltspunkte für ihre frühe Datierung in das 9. Jh. geben die daraus geborgene Keramik und Mauerüberschneidungen. Es ist nach dem derzeitigen Stand der Ausgrabungen sogar nicht auszuschließen, daß der Bau noch älter und bereits im Laufe des 8. Jahrhunderts entstanden ist. In dieser Zeit ließ Bischof Bonifatius an gleicher Stelle die erste Kirche auf dem Untersberg errichten, die als frühester Vorgängerbau des Stiftes St. Marien, des heutigen Domes, historisch belegt ist. Die Forschung hat eine Holzkirche vermutet, doch ließ sich diese Annahme durch die Grabungen bisher nicht bestätigen.
Über diesem ältesten Horizont konnte der Westabschluß eines gut erhaltenen dreischiffigen Bauwerkes freigelegt werden, bei dem es sich um die 1154 bis 1182 errichtete romanische Kirche handelt. Von dieser Basilika, die 1455 dem gotischen Langhaus weichen mußte, sind zwar im heutigen Dom noch beachtliche Bauteile erhalten, doch läßt die Auswertung des umfangreichen Grabungsbefundes erstmals fundierte Aussagen zur Größe und zum Aussehen des romanischen Langhauses erwarten.

Schließlich konnten bei den Untersuchungen mehrere jüngere Umbauphasen nachgewiesen werden, die durch alte Fußbodenhorizonte, Schuttschichten und Mauerzüge mit unterschiedlichem Steinmaterial und vermauerten älteren Bauteilen zu belegen sind.
Die freigelegten Baukomplexe werden gesichert und der Forschung zukünftig für weitere Untersuchungen zur Verfügung stehen.

Bauten und Veränderungen des 13. und 14. Jh. Der romanische Dom hatte in dieser beschriebenen Form nicht lange Bestand. Bereits in der 1. Hälfte des 13. Jh. kann ein Ersatz der Flachdecken des Querhauses und des Chores durch Keuzgratgewölbe angenommen werden. Auch die Fertigstellung der Türme 1201 und 1237 fiel in diese Zeit. Schließlich wird in den Regesten für das Jahr 1225 eine neue Orgel erwähnt, die auf einer dazugehörigen Orgelempore, möglicherweise auf der Ostseite des nördlichen Querhauses, gestanden haben muß. So wird es sich bei der für das Jahr 1253 erwähnten Weihe wohl um eine Nach- oder Wiederweihe des nun veränderten und vollständig fertiggestellten Domes mit allen seinen nach 1182 entstandenen Teilen gehandelt haben.
Spätestens seit der Mitte des 13. Jh. bot der romanische Chor nicht mehr genügend Platz für sämtliche Domkapitulare. In den 80er Jahren des 13. Jh. wurde deshalb nach Osten der *Chor* durch ein Polygon über fünf Seiten eines Zwölfeckes verlängert, das ca. 10 m vor die Ostflucht des romanischen Chores sprang. An der Westseite der darunterliegenden Krypta sowie an den Ostseiten der Türme können die Spuren dieser nur kurzlebigen Bebauung abgelesen werden. Dieser Chor wurde 1290 geweiht. Bereits 1329 ist die Absicht einer neuerlichen Chorverlängerung urkundlich bezeugt, jedoch muß der bisherige Choranbau 1337 zumindest in Teilen noch bestanden haben. Zwar war bereits das Polygon breiter als der Chorhals, ähnlich wie der folgende Hohe Chor des 14. Jh., doch wird die Verbindung wohl nur durch eine kleinere Öffnung erfolgt sein. Während des teilweisen Abbruchs dieses Interimschores wurde ein tragbarer Altar anstelle des Hochaltares an der Westseite des alten romanischen Chores aufgestellt. Das bedeutet, daß dieser Bereich und dazu das Querhaus fertig und nutzbar waren. Somit waren die nach 1329 begonnenen Arbeiten zur Erhöhung des Querhauses und des westlichen Teiles des romanischen Chores 1337 im wesentlichen abgeschlossen. Die romanischen Rundbogenfriese im Traufbereich wurden mit erhöht.
In die Jahre bis 1329 fiel auch der Bau der *Kavaten* (lat. cavare = aushöhlen). Die romanische Basilika war so auf dem Domberg plaziert, daß sich der östliche Chorabschluß am östlichen Ende des Hügel-Plateaus befand. Jede Verlängerung nach Osten bedingte also Unterbauten. Vom Domplatz aus sind die wuchtigen Bogenkonstruktionen zu erkennen, die auf beeindruckende Weise den Höhenunterschied von knapp 12 m überwinden und statisch-konstruktiv wie auch ästhetisch eine solide Basis für den gotischen Hohen Chor darstellen. Gleichzeitig wurden damit auf Chorhöhe ein äußerer Chorumgang und ein Zugang zur Turmgruppe von außen her ermöglicht. Ob die Anlage der Kavaten bereits mit dem Bau der kleinen Chorerweiterung geplant oder gar damals, also vor 1290, an eine weitere Verlängerung bis auf das Maß des heutigen Hohen Chores gedacht war, ist ungewiß. Die Arbeiten an den eigentlichen Kavaten waren 1329 beendet, die beiden erweiternden Altane an der Nord- und Südseite wurden 1337 fertiggestellt. Mit dem Bau der Kavaten wurde direkt unter dem Niveau des Chores eine Krypta angelegt, die jedoch erst 1353 vollendet wurde, trotzdem aber fast 20 Jahre vor der Weihe des Hohen Chores. Unter der Krypta wurden in zwei weiteren Geschossen zwei große überwölbte Räume geschaffen.

Langhaus von Südwesten

Die *Krypta* liegt unter der Apsis des Hohen Chores. Sie ist eine zweischiffige gedrungene Halle mit drei Jochen, die von Kreuzrippengewölben überspannt werden. Im Bereich des östlichen Chorschlusses erhält das Gewölbe zusammengedrängte Rippen, die in kräftiger Plastizität in die östliche Säule einfließen. Diese gotische Krypta unterscheidet sich von romanischen vor allem dadurch, daß sie Andachtsraum und Prozessionsweg zugleich ist. In dieser Funktion bedarf sie keines direkten Zugangs von der Kirche, wohl jedoch zweier gegenüberliegender Türen für die Prozession. An der Krypta-Westwand sind zwei kräftige Pfeiler als Unterkonstruktion des ehemaligen Chores von 1290 sowie die Geometrie seines östlichen Schlusses zu erkennen.
In dieser Zeit intensivster Bautätigkeit am Dom entstand auch um 1330 der *Triangel-Portalvorbau.* Mit ihm wurde sowohl städtebaulich als auch architektonisch und bauplastisch-künstlerisch ein hervorragendes Werk geschaffen. Der Domberg wird aufgrund seiner Lage westlich der Altstadt und des heutigen Stadtzentrums von Osten her erschlossen. Steigt man die breiten Domstufen, die nach oben hin schmaler werden und somit eine zusätzliche perspektivische Tiefenwirkung erzeugen, hinauf, dann steht immer der Triangel-Portalvorbau im Blickpunkt. Er ist Auftakt und zugleich Höhepunkt, er geleitet den Besucher unmerklich ins Dominnere, läßt ihn aber auch staunend verweilen vor der Vielfalt figürlicher und bauplastischer Gestaltung, er ist optisches Bindeglied zur Severikirche und gleichzeitig raumbildender Abschluß und Dominante der Fläche zwischen beiden Kirchen.
Die *Türme* müssen noch dem romanischen Dom zugerechnet werden, doch fällt die Errichtung des Mittelturmes bereits in die Wende vom 13. zum 14. Jh. Als nördliche und südliche Flankentürme am östlichen Abschluß des romanischen Domes stehen sie zwar außerhalb der Norm herkömmlicher Turmanordnungen dieser Zeit, doch folgen sie vielleicht dem Beispiel der Peterskirche auf dem nördlich benachbarten Petersberg, deren Osttürme wohl bereits bei der Weihe 1147 fertiggestellt waren. Zwar läßt der Grundriß der Peterskirche auch die geplante Anlage zweier westlicher Flankentürme erkennen, ausgeführt wurden aber nur die am östlichen Plateauende gegenüber der Stadt.
Nord- und Südturm sind in den beiden unteren Geschossen quadratisch und von einfacher Gestalt, die beiden Räume im Erdgeschoß werden von gratigen Kreuzgewölben überspannt. Oberhalb des 2. Geschosses geht die viereckige in eine achteckige Form über. Der Nordturm zeigt dort in seinem 3. Geschoß, das mit einem außen umlaufenden Schachbrettfries abschließt, Formen des späten 12. Jh. Die darüber liegenden Geschosse weisen Formen und Schmuckelemente früher deutscher Gotik auf, vermitteln jedoch in ihrem Gesamtduktus noch den Eindruck spätroma-

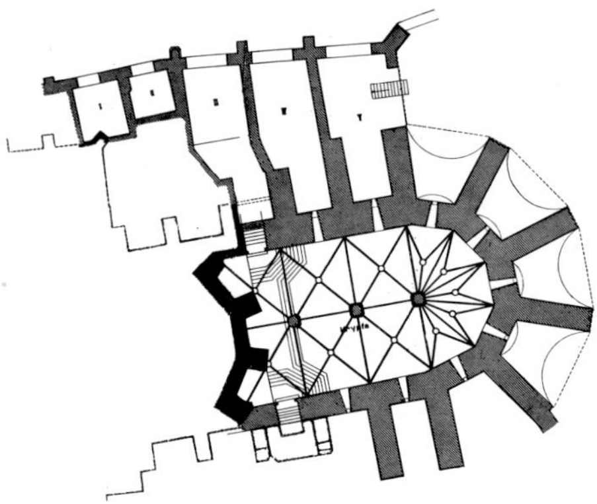

Grundriß Domkrypta; Meinhard, 1926

Westlicher Kreuzgangflügel von Süden

nischer Architektur. Möglicherweise aber wurden diese Geschosse beim großen Brand 1416 zerstört und bis 1454 neu aufgebaut. Das oberste Nordturmgeschoß ist später einzuordnen. Turmhelme, Fialen und Teile der Brüstung entstanden während der Restaurierung 1835–1854. Der Südturm ist innen und außen gänzlich anders gegliedert.
Der Bau des Mittelturmes erfolgte nach 1290, jedoch bestand der unterste, direkt über dem Chorhals gelegene Raum, der den Nord- und Südturm miteinander verbindet, bereits seit Ende des 12. Jh. Im Jahr 1307 wurde die 2. „Gloriosa"-Glocke gegossen (Weihe der 1. „Gloriosa" 1251), so daß zu diesem Zeitpunkt der Mittelturm soweit fertiggestellt gewesen sein dürfte. Die darüber liegenden Geschosse sind das Ergebnis mehrfacher Veränderungen zwischen dem 15. und 19. Jh.

Der Hohe Chor. Nach Abschluß der aufwendigen Vorarbeiten konnte 1349 der Grundstein für den repräsentativen neuen Hohen Chor gelegt werden. Er wurde zwischen 1370 und 1372 durch Bischof Friedrich Rudolf von Stollberg geweiht. Der Hohe Chor besitzt im westlichen Teil vier querrechteckige Joche, durch Kreuzrippengewölbe überspannt. Der östliche Chorteil wird gebildet von einem ursprünglich als separat geplanten, dann doch gemeinsam ausgeführten fünften Joch, das mit dem Chorschluß, bestehend aus fünf Seiten eines Zehnecks, gemeinsam überwölbt wird. Die Achse des Hohen Chores weicht gegenüber der des Chorhalses um 8° nach Norden hin ab. Die Gründe dafür sind nicht bekannt; denkbar wäre eine städtebauliche Absicht, mehr jedoch ist ein Meßfehler beim Anlegen der 12 m tieferen Kavatenfundamente anzunehmen.
Die Chorwände werden durch die 18 m hohen und bis zu 2,60 m breiten Fenster maximal aufgebrochen, die verbleibenden Pfeiler durch feingegliederte Dienstbündel und Fensterprofile wie Skulpturen aufgelöst, so daß sie gänzlich ihre optische Schwere verlieren. 13 der 15 Fenster besitzen noch fast vollständig erhaltene mittelalterliche Glasmalereien. Die östliche Chorwand wird optisch ausgefüllt durch den zwischen 1697 und 1707 gefertigten Hochaltar. Auf der Chor-Südseite im 3. Joch ein Anbau, der gemeinsam mit dem Hohen Chor entstanden ist. Im unteren Teil befindet sich der südliche Eingang zur Krypta. Darüber außen eine Inschrift in gotischen Minuskeln, aus der hervorgeht, daß die Arbeiten am Hohen Chor 1349 begonnen worden sind. In das Obergeschoß dieses Anbaues wurde 1962 eine neue Chororgel eingebaut (Fa. Schuke).

Das spätgotische Langhaus. Bereits Ende des 13. Jh. war nebenan mit dem Neubau von St. Severi begonnen worden, dessen Langhaus wohl um die Mitte des 14. Jh. fertiggestellt war. So werden die Nachrichten von der Baufälligkeit des romanischen Dom-Langhauses zwar richtig sein, doch spielte sicher der Wunsch eine Rolle, auch einen solch ,,modernen'' Kirchbau wie St. Severi zu besitzen, als man 1455 mit dem Abriß des alten Langhauses und dem Neubau begann, der 1465 bereits nutzbar war. Der neue Grundriß orientiert sich am vorhergehenden, so daß die Pfeiler des Mittelschiffes an den alten Orten stehen. Weil man aber die Seitenschiffe annähernd auf die Flucht des Querhauses verbreiterte, entstand die seltene Proportion, bei der die Seitenschiffe breiter sind als das Mittelschiff. Auch wurde damit nicht die Achsverschiebung zum Hohen Chor ausgeglichen. Der neue Grundriß und die Vereinheitlichung der Gewölbehöhen bezwecken die optische und auch funktionelle Einbeziehung des Querhauses und die Zusammenfassung zu einer Gesamthalle. Die spätgotische Halle besteht aus drei Schiffen mit je vier Jochen. Die Unterteilung der Schiffe erfolgt durch Gurtbögen zwischen den Sterngewölbejochen, auf Schildbögen zwischen den Jochen wurde verzichtet.
Im Kircheninneren und am Grundriß ist erkennbar, daß mit dem Neubau des Langhauses nicht beabsichtigt war, auch den Chorraum mit einzubeziehen. Vielmehr wurde die Trennung in zwei separate Kirchenräume, die durch den Chorhals verbunden sind, noch verstärkt.

Die Kapitelgebäude, Stiftsgebäude oder auch Klausur, liegen an der Südseite des Domes, sind dreiteilig und umschließen einen Innenhof. An der Hofseite westlich und südlich einschiffige *Kreuzgangflügel,* östlich die zweischiffige *Kunigundenhalle* als dritter Kreuzgangflügel. Beginnend mit dem Ostflügel im 2. Viertel des 13. Jh., wurden die Teile der Klausur abschnittsweise bis in die Mitte des 14. Jh. errichtet und umgebaut. In der Folgezeit und im 19. Jh. wurden einzelne Gebäudeteile so verändert, daß die ursprüngliche Architektur heute nur noch schwer ablesbar ist.

Östlicher Kreuzgangflügel (Hofseite) – Tympanon mit Kreuzigungsgruppe, um 1240

Der östliche Teil war ursprünglich flach gedeckt, wurde erst Mitte des 14. Jh. nachträglich eingewölbt. An ihn schließt sich östlich die 1455 fertiggestellte *Clemens- und Justuskapelle* an. Ihre Mittelachse weicht von der Querachse der östlichen Kreuzgangschiffe nach Norden hin ab. Ein Sterngewölbe überspannt den einschiffigen, einjochigen Raum, dessen östliche Apsis aus fünf Seiten eines Achtecks gebildet wird. Im 2. Bauabschnitt entstand, im Anschluß an den romanischen Dom beginnend, der Westflügel in der 2. Hälfte des 13. Jh. Mit Errichtung des spätgotischen Langhauses mußte das nördlichste Joch Mitte des 15. Jh. abgerissen werden. Der Südflügel mit der *Kilianikapelle* südlich des Kreuzganges muß zwischen 1280 und 1349 errichtet worden sein. Die Anbauten an der Südostecke stammen aus der Zeit um 1900.

Denkmalpflege im 19. und 20. Jh. Am Beginn des 19. Jh. befand sich der Dom in einem beklagenswerten Zustand. Im 17. und 18. Jh. wurden nach den wenigen Mitteilungen der Regesten kaum Erhaltungsarbeiten durchgeführt. Während der französischen Besetzung der Stadt war neben dem Petersberg auch der Domberg als Festung ausgebaut worden. Beschießungen während der Befreiungskriege 1813 sowie die mißbräuchliche Nutzung durch die französischen Truppen – der Dom wurde Pferdestall – verursachten auf dem Domberg Schäden. 1816 wurde das Erfurter Gebiet preußisch, 1828 begann ein umfangreiches Sanierungs- und Restaurierungsprogramm, das erst um 1900 abgeschlossen werden konnte.

Nach dem Verständnis des 19. Jh. beschränkten sich die Arbeiten nicht auf die Wiederherstellung defekter Bauteile sowie die Pflege des Bauwerkes, sondern man strebte eine scheinbar stilreine Einheitlichkeit in der äußeren Gestaltung an, obwohl diese aufgrund der drei Jahrhunderte dauernden Baugeschichte niemals vorhanden war. So wurden bis in die 60er Jahre des 19. Jh. Kavaten, Türme und Hoher Chor restauriert. Die Türme erhielten nicht wieder die schlanken, 1717 durch

Blitzschlag abgebrannten Turmhelme, sondern stumpfe Hauben, deren Gestalt durch Maßwerkbrüstungen mit Eckfialen aufgewertet wurde. Um den schon lange beobachteten Rissen entgegenzuwirken, wurde als Sicherung ein horizontales und vertikales Ankersystem eingebaut. Auch die Traufzone des Hohen Chores wurde durch Maßwerkbrüstungen und Fialen „aufgewertet“. Die zu einfachen Formen des Walmdaches aus dem 15. Jh., das Fehlen einer westlichen Schaufassade sowie das Streben nach Harmonie in der äußeren Erscheinung führten 1868 zum Umbau des Langhausdaches. Das neue, um ca. 3 m niedrigere Giebeldach mit einem hohen Westgiebel und seitlichen Zwerchgiebeln über jedem Joch veränderte Konstruktion und Gestalt grundlegend. Durch unkontrollierte Schubkräfte im Traufbereich und durch die komplizierte Dachgeometrie sowie Materialschwächen entstanden Schäden, die dann, genau 100 Jahre nach dem neugotischen Umbau, 1968 zur Demontage dieser Dachkonstruktion und zum Neuaufbau in alter Form führten.
Außerordentliche konservatorische Maßnahmen aus der 1. Hälfte unseres Jahrhunderts sind nicht bekannt; sie beginnen erst wieder in den 60er Jahren. Es wurden im Langhaus eine neue, der Architektur adäquate helle Butzenverglasung sowie drei neue Glasgemälde eingebaut. Bei Farbuntersuchungen zur Renovierung des Langhaus-Inneren konnten verschiedene Farbfassungen, darunter auch die wohl aus der Zeit zwischen 1465 und 1483, freigelegt werden. Diese wurde probeweise in der Nordwestecke des Langhauses nachgestaltet, die Wandbehandlung dann jedoch steinsichtig durchgeführt.
Seit Ende der 70er Jahre gibt es zwei Schwerpunkte bei der Restaurierung des Domes: die Steinkonservierung und die Sicherung der mittelalterlichen Glasmalerei des Hohen Chores. Die Steinkonservierung wird mittels Ergänzung durch Steinersatz sowie Reinigung, partieller Festigung und Hydrophobierung durchgeführt. Dabei werden auch fehlende Teile ergänzt, wie z. B. fünf Fialen der Maßwerkbrüstung des Nordturmes. Erste wissenschaftliche Untersuchungen zur Effektivität und Qualität dieser Arbeiten wurden 1990 begonnen. Die farbigen Glasfelder im Hohen Chor werden durch verschmutzte Luft stark belastet und teilweise sogar zerstört. So löst sich die eingebrannte Malfarbe, das Schwarzlot, von den Glasinnenseiten, während sich an den Außenseiten eine harte Wettersteinschicht bildet, die die Gläser immer dunkler werden läßt. Deshalb werden alle farbigen Glasfelder ausgebaut, das Schwarzlot fixiert und die Scheiben stabilisiert. Nach ausführlicher Dokumentation jedes Feldes werden sie innen wieder angebracht, während an ihrem ursprünglichen Ort eine bleigeteilte Schutzverglasung eingebaut wird. Gleichzeitig wird der Sandstein der Maßwerke und der angrenzenden Architektur saniert. Nach Abschluß dieses Sicherungsverfahrens wird über Möglichkeiten weiterer Restaurierung der Glasmalereien entschieden werden.
1991 wurden alle vier äußeren Stufenanlagen, die zum Domberg hinauf führen, gründlich restauriert. Vor allem die Haupttreppe am Domplatz wurde vollständig aufgenommen, die Fundamente im oberen Bereich repariert, die alten Stufen wieder neu verlegt und verfugt. Als Ersatz für die defekten Stufen wurde das untere Podest aus neuem Sandstein gefertigt.
1992 erhielt der Dom wieder eine neue Hauptorgel. Sie wurde am Platz der Vorgängerorgel – Fa. Klais 1906 – aufgestellt. Ein aus geräucherter Eiche gefertigtes, plastisches Orgelgehäuse beherbergt ein Orgelwerk der Fa. Schuke Orgelbau, Potsdam. Es besitzt 63 Register, verteilt auf 3 Manuale und Pedal mit Schleifladen, mechanischer Tastentraktur und elektrischer Registertraktur.

Hans-Heinrich Forberg

Hauptorgel, Langhaus Westseite, 1992

DIE AUSSTATTUNG

Skulpturenschmuck an Triangel und Kreuzgang. Der originale, baugebundene Skulpturenschmuck des Domes konzentriert sich am *Triangel-Portal* (1) (Zahlen vgl. Grundriß S. 39), während die übrigen Bauteile zumeist mit gotisierenden Neuschöpfungen an den Strebepfeilern besetzt sind. Fast durchweg entstanden diese während umfassender Erneuerungsarbeiten nach 1860 unter teilweiser Verwendung noch erhaltener Konsolen oder Baldachine. Um 1860 wurden auch große Bereiche am Triangel, wie Wimperge, Fialen und Teile des bildnerischen Schmucks, erneuert bzw. ergänzt, ohne jedoch den Gesamteindruck zu verunklären. Die beiden tiefen, nach ihrem ikonographischen Programm bezeichneten, spitzbogigen Zugänge zum nördlichen Kreuzarm – Apostel- und Jungfrauenportal – werden von hohen, maßwerkgefüllten und freistehenden Giebeln bekrönt, die die Dreiecksform des Portalgrundrisses nochmals in der Vertikalen wiederholen. Gleichzeitig mit dem um 1330 geschaffenen Portalbau entstanden auch nahezu sämtliche Sandsteinskulpturen. In manchen Details und Kompositionselementen erinnern sie zwar an Vorbilder der Kathedralplastik Frankreichs oder auch an den Figurenschmuck in Naumburg und Magdeburg, können jedoch hinsichtlich ihrer künstlerischen und anatomischen Durchbildung nur bedingt mit ihnen verglichen werden und dürften einer Erfurter Werkstatt entstammen.

Die Figurenzyklen sind in den Gewändenischen auf hohen Konsolen mit Blendmaßwerk und unter krabbenbesetzten Baldachinen sowie am Mauerbereich der Dreieckspunkte angeordnet, die sich nochmals durch große gedoppelte Baldachine auszeichnen. Im nordöstlichen Portal stehen die zwölf Apostel, gedrungene unterlebensgroße Freifiguren mit eng anliegenden Gewändern in der Faltensprache des frühen 14. Jh. und teilweise mit ihren Attributen; am Türpfeiler eine Marienfigur unter einem Baldachin und im spitzbogigen Tympanon eine in ihrer Gesamthaltung und Formensprache an die Naumburger Figuren erinnernde Kreuzigungsgruppe (die trauernden Maria und Johannes z. Zt. falsch angeordnet!). In den Gewänden des Nordwestportals die Reihen der klugen und törichten Jungfrauen zwischen den flankierenden Ecclesia und Synagoge, emotional erregte und ekstatisch agierende Figuren, in großen Teilen ergänzt; am Türpfosten eine um 1860 neu geschaffene, wohl kopierende Skulptur des Erzengels Michael und im Tympanon eine fast vollplastische Figurengruppe der Deesis zwischen Maria und Johannes dem Täufer.

Das Bildprogramm wird vervollständigt durch drei weitere Steinskulpturen des hl. Bonifatius und der Bischöfe Adolar und Eoban unter Baldachinen und auf Konsolen an der nördlichen Stirnseite des Portals. Die in der darunter befindlichen, vergitterten Nische stehende Anna Selbdritt, Sandstein und Holz, ursprünglich wohl eine andere Heilige, ist ein Werk der 2. Hälfte des 13. Jh. und somit die früheste Figur des Portalbaus. Eine Farbfassung des gesamten Triangels konnte nach restauratorischen Untersuchungen in den siebziger Jahren nachgewiesen werden. Die originalen, im ausgehenden 13. Jh. und in der 1. Hälfte des 14. Jh. entstandenen Beschläge des Apostelportals wurden an die Innenseiten des westlichen Langhausportals versetzt; Kopien und Ergänzungen verblieben an den Türen. Für das Jungfrauenportal wurden 1914 neue Türflügel und Beschläge angefertigt.

Zum ältesten bauplastischen Dekor gehören zwei spitzbogige Tympanonfelder um 1240 am *Portal des Kreuzgang-Ostflügels* (2) mit den Hochreliefs einer von Laubwerk gerahmten Kreuzigungsgruppe an der Hofseite und an der Innenseite mit der Darstellung der Rechtfertigung der hl. Kunigunde vor Kaiser Heinrich II., beide in

Triangel – Apostelfiguren am Ostportal, um 1330

stilistischem Bezug zu Reliefs im Dom zu Halberstadt. Im Innern, seitlich des Zugangs, zwei Sandstein-Apostelfiguren um 1410/20. Im Westflügel rechteckiges Sandstein-Hochrelief mit vielfiguriger Kreuzigung und Stifterfigur um 1400. An den Wänden des Kreuzgangs kamen Grabsteine und Epitaphe zur Aufstellung, die fast durchweg dem 15. und 16. Jh. entstammen.

Die Glasmalerei. Der Chor zählt nicht nur wegen seiner architektonischen Gestaltung, sondern insbesondere auch durch die nahezu vollständig erhaltene mittelalterliche Verglasung ③ der etwa 18 m hohen, vierbahnigen Maßwerkfenster zu den bedeutendsten Raumschöpfungen des 14. Jh. in Deutschland. Nach Umfang und überkommener originaler Substanz (bestehend aus nahezu 1100 Scheiben, davon 895 mittelalterlich), nach Geschlossenheit, Thematik und künstlerischer Qualität ist sie einer der besterhaltenen Glasfensterzyklen überhaupt. Etwa zwischen 1349 und 1372 wurde der Chorneubau errichtet, und bald nach der Weihe wurde vermutlich mit der Verglasung begonnen. Bis auf das nur in Resten erhaltene Ostfenster mit Szenen aus dem Marienleben, die beiden westlichen Fenster der Südseite und geringfügige Ergänzungen zwischen 1897 und 1911 sind die Scheiben sämtlich an ihren originalen Stellen erhalten und verleihen dem hohen Raum je nach Lichteinfall eine großartige Feierlichkeit sowohl in kühlen, gebrochenen Farbtönen als auch in Komplementärfarbenreihen. In ihrer Vollständigkeit sind sie im weiteren Umkreis nur mit Zyklen in Stendal, Köln, Regensburg oder Straßburg vergleichbar.

Genesisfenster an der Südseite des Chors – Gottvater und die Vögel, um 1370

Eustachiusfenster an der Nordseite des Chors – Eustachius vor Kaiser Hadrian, um 1375/80

In den Bildprogrammen werden die gesamte Heilsgeschichte und Heiligenviten abgehandelt, die sich zwischen etwa 1370/80 und 1410 in Formensprache und Farbgebung unterschiedlich darstellen und nach stilistischen Kriterien drei Gruppen zugeordnet werden. Zunächst entstanden acht *Fenster der sog. kleinfigurigen Gruppe* unter Einfluß böhmischer und süddeutscher Vorbilder. Es sind dies die nach ihren jeweiligen Themen benannten Verglasungen an der Nordseite: das Eustachius-, das Katharinen-, das Apostel-Martyrienfenster sowie das Passionsfenster, und an der Südseite: das Genesis-, Abraham-, Jakob- und Josephfenster mit vorwiegend gedrungenen Figuren mit großen Köpfen und Händen innerhalb kompliziert gestalteter Architekturen in Einzelbahnen und -scheiben unter Einbeziehung der großen Maßwerkformen.

Um 1390 bis etwa um 1400 datieren das anläßlich des Hochaltareinbaus ausgebaute und seitdem weitgehend verschollene zentrale Marienfenster der Ostseite und das Apostelfenster an der Nordostseite des Polygons, die sog. *Einzelfigurengruppen-Fenster:* auf einzelne Scheiben verteilte Heiligendarstellungen mit weich fallenden Gewändern unter Vernachlässigung der Körperlichkeit und kräftig ausgebildeter Binnenzeichnung. Die beiden westlichen Fenster der Nordseite (Bonifatius- und Helenafenster) und das westliche der Südseite, das sog. Tiefengrubenfenster, gehören zur dritten Gruppe, die zwischen 1403 (Stiftung des Tiefengrubenfensters durch den gleichnamigen Domvikar, der am unteren Rand kniend dargestellt ist) und etwa 1420 in den reich ausgebildeten Formen des *Weichen Stils,* wiederum über Böhmen vermittelt, eingesetzt wurden. Im zentralen Teil des Tiefengrubenfensters acht großfigurige Standfiguren weiblicher Heiliger unter reich ausgebildeten Architekturen mit Propheten und einer Szene der Marienkrönung, einer über die gesamte Fensterbreite reichenden Darstellung. Dieses Kompositionsschema kommt auch in den beiden anderen Fenstern zum Tragen und gelangt mit seinen vielfigurigen, bewegten und expressiven Szenen großer Figuren und perspektivisch gezeichneter Architekturen zu einem künstlerischen Höhepunkt.

Die figürliche Gestaltung der beiden westlichen Fenster der Chorsüdseite, deren originale Verglasung nicht bekannt ist, sowie der drei Fenster im ansonsten neutral verglasten Langhaus erfolgte nach Entwürfen von Carl Crodel zwischen 1960 und 1963. Sie fügt sich in Form- und Farbgebung harmonisch in die mittelalterliche Verglasung ein: im Chorraum ein Fenster mit Szenen aus dem Leben der hl. Elisabeth von Thüringen und der Geheimen Offenbarung; an der Langhaus-Südwand (im südlichen Kreuzarm) die Freuden Mariens, im Westteil die Macht der Musik und über dem Nordportal Verherrlichung des Kreuzes.

Das Chorgestühl. Zur originalen Raumausstattung des Chores gehört auch das Chorgestühl ④, das mit 89 Sitzen in zwei Reihen hintereinander zu den umfangreichsten mittelalterlichen Gestühlen Deutschlands zählt. Die aus Eichenholz gefertigten Sitzreihen stellen in ihrem architektonischen Aufbau und in ihren Wangen eine Zwischenform der in Deutschland verbreiteten rheinischen und norddeutschen Ausprägung dar. Seit seiner Entstehung zwischen etwa 1360 und 1370 blieb es in situ erhalten und zeichnet sich sowohl durch künstlerischen Dekor als auch durch außerordentlich qualitätvollen Figurenreichtum aus. Trotz der 1900 erfolgten Ergänzungen, vor allem im Bereich der Baldachine, deren ursprüngliche Ausprägung nicht mehr rekonstruierbar ist, und vieler Figuren (allein 36 von 50 Frauengestalten) ist der mittelalterliche Charakter gewahrt geblieben.

Bevorzugte Thematik an diesen Gestühlen war die typologische Gegenüberstellung von Altem und Neuem Testament; sie fand auch in Erfurt ihren Niederschlag.

Detail der Westwange des Chorgestühls mit musizierenden Engeln

Chorgestühl an der Nordseite, um 1360/70

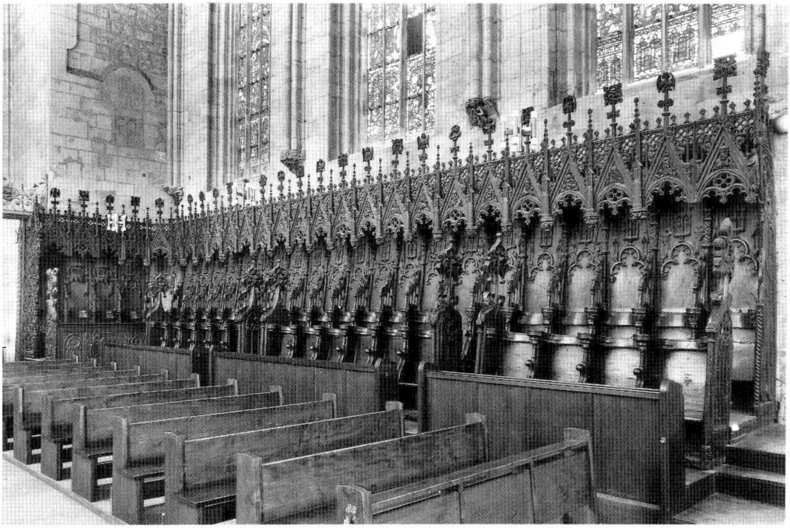

Hinzu kommen genrehafte Szenen und mit reicher Phantasie ausgebildete Drolerien und ähnliche Wesen vor allem an den Zwischenbacken und Handläufen. Auf die sonst übliche Verwendung von Misericordien - Stützkonsolen unter den Sitzen - wurde verzichtet. Viele Figuren und füllendes oder rahmendes Rankenwerk, Blendmaßwerk und Baldachine überziehen das gesamte Gestühl in einer filigranen Vielgliedrigkeit.
Besonders reich ausgebildet sind die beiden großen Westwangen. An der Südwange ein rankender, Rundformen bildender Weinstock, als Symbol Christi zu interpretieren, mit Szenen des Weinanbaus und der Weinlese über einem Christuskopf zwischen zwei Fischen und der Darstellung des Sündenfalls im oberen Bereich neben einer kleinen vollplastischen Figur von Maria mit dem Kind. Die Darstellungen der Nordwange verherrlichen das Christentum im Kampf zwischen Ecclesia und Synagoge und zeigen Musizierende, darunter König David mit der Harfe und Engel mit zeitgenössischen Musikinstrumenten. Die großen Ostwangen sind mit je einer flächenfüllenden Figur besetzt: an der Südwange der hl. Christophorus als jugendlicher Mann, im Norden der sich erhängende Judas und ein höhnisch grinsendes Teufelchen im Baumgeäst.

Der Hochaltar. Der am Tabernakel „1697" datierte und nach chronikalischer Überlieferung 1706 aufgestellte aufwendige Hochaltar ⑤ ist das Werk eines unbekannten Künstlers und wurde wohl anstelle eines großen gotischen Flügelaltars errichtet. Über dem hohen, mehrfach verkröpften und doppelgeschossigen Postament mit seitlichen Durchgängen erhebt sich ein breitgelagertes, im Grundriß polygonal angeordnetes Untergeschoß mit freistehenden, von Weinlaubdekor umwundenen und gedrehten Säulenpaaren, die ein mächtiges Gebälk mit reichem plastischen Dekor und seitlichen gesprengten Giebeln tragen. Auf dem Postament die z.T. in Kartuschen namentlich bezeichneten Freifiguren der hll. Petrus, Bonifatius, Adolar, Eoban, Martin und Paulus (von links). Der Aufsatz beschränkt sich, wohl auch unter Rücksichtnahme auf die gotische Architektur, auf die Mittelachse, wiederholt in verkleinertem Maßstab den architektonischen Aufbau des Erdgeschosses und wird von einem Giebelfeld mit ovalem Medaillonbild bekrönt, seitlich flankiert von Skulpturen der Erzengel Michael und Raphael. Auf dem oberen Postament kleinere Figuren der vier Evangelisten, auf den gesprengten Giebeln Josef und Johannes der Täufer. Die gesamte Altarwand ist mit reichem hochbarocken Dekor besetzt. Das Altarblatt von dem in Erfurt zwischen 1736 und 1776 nachweisbaren Maler Jakob Samuel Beck zeigt die Anbetung der Könige und ersetzt wohl ein älteres Gemälde; im Aufsatz barockisierendes Bild von 1950 mit der Schutzmantelmadonna. Weitere Altarbilder können je nach den Festtagen im Jahr eingewechselt werden. Trotz seiner Monumentalität ordnet sich der Altar - nicht zuletzt durch seine zurückhaltende Farbgebung - so in das Chorpolygon ein, daß er dessen Charakter nur geringfügig beeinträchtigt und Durchblicke zu den Glasgemälden gewährt. Lediglich das Achsfenster, das vermutlich vor dem Altareinbau ausgebaut worden war und nur in Resten erhalten ist, wird fast völlig verdeckt.

Ausstattungsstücke im Chorhals ⑦. Das an der nördlichen Chorhalswand aufgestellte, von einem bisher nicht identifizierten Bildhauer gefertigte *Sandsteinepitaph für Günter Bock* von 1444 wurde, wie die lateinische Inschrift berichtet, von der Ehefrau des Verstorbenen gestiftet. Zentrale Figur ist der schlanke Gekreuzigte, flankiert von Maria und Johannes sowie einer weiteren Frauengestalt bei Maria, so daß das Kreuz leicht aus der sonst üblichen Mittelstellung verschoben

Hochaltar, 1697

ist. Unter den Kreuzbalken und am Kreuzfuß fangen Engel das Blut Christi in Kelchen auf. Die Eheleute mit ihren Wappen knien miniaturhaft in den unteren Zwickeln. Das aus dem ehemaligen Kartäuserkloster stammende Grabmal zeigt enge stilistische und kompositorische Bezüge zu einer undatierten Kreuzigungsgruppe im nördlichen Kreuzgangflügel der Wigbertikirche, deren ursprünglicher Standort auch das Kartäuserkloster war. Im Chorhals sind *Figuren* der hll. Bonifatius, Elisabeth und Anna Selbdritt aus dem ausgehenden 15. Jh. angeordnet. Ein großformatiges *Relief* der Beweinung Christi mit erhaltener Originalfassung, ein in Thüringen verbreiteter Typ dieser vielfigurigen Darstellung, die wohl in Erfurt entstand, hängt an der Ostwand des nördlichen Kreuzarmes.

Die romanische Madonna. Aus ikonographischer und kunstgeschichtlicher Sicht ist das um 1160 entstandene, wohl aus dem romanischen Vorgängerbau des Domes überkommene Retabel aus Stuck ⑧ das bemerkenswerteste plastische Ausstattungsstück neben der Figur des sog. „Wolfram". Nach einer umfangreichen Restaurierung fand es seine Aufstellung im südlichen Nebenraum des Chorhalses. Das streng symmetrisch aufgebaute Retabel hat eine rundbogige Tympanonform, in dessen Mittelachse in einer Rundbogennische die fast vollplastisch ausgeformte sitzende Maria mit dem Kind auf einem antikisierenden Thronsessel sitzt. Nur durch die erhobene Rechte und den das mittig sitzende Kind umfangenden linken Arm sind Axialität und majestätische Strenge der Figur unterbrochen. Krone und

Muttergottes mit Kind aus dem Stuckretabel, um 1160

Sog. Wolfram, um 1160

Thronpfosten waren ursprünglich mit geschliffenen Edelsteinen oder Glasflüssen besetzt, wie Vertiefungen im Stuck belegen. Der breite Rundbogenrahmen wird von einem Perlstab innen und von einem Palmettenband außen gefaßt. In der oberen Zone, durch aufgelegte Sterne als Himmel gekennzeichnet, sitzt in der Mitte auf einem Wolkenberg Christus als Salvator mundi mit erhobener Rechter, ein Buch in der linken Hand, in der Krone der einzige erhaltene Stein, ein geschliffener Bergkristall. Etwas tiefer und versetzt die Relieffiguren der als Adolar und Eoban interpretierten Bischöfe. Je vier nahezu gleichgeformte Relieffiguren, wohl Märtyrerinnen, füllen auf beiden Seiten neben dem Thron die Sockelzone. Trotz mehrerer Umsetzungen, Ergänzungen und unsachgemäßer Ablaugungen im 19. und 20. Jh. konnte an Hand von Befunden eine Polychromie des 12. Jh. in den vorherrschenden Farben Zinnoberrot (Himmel!), Weiß und Schwarz nachgewiesen werden. Eingehende Untersuchungen wiesen auch den ursprünglichen Aufstellungsort nach, einen kleinen Kapellenraum im 1. Obergeschoß des Nordturmes. Der Sonneneinfall durch ein fast kreisförmiges Fenster in der Rundbogennische seiner Ostwand verlieh dem Marienbild am Fest Mariä Himmelfahrt eine Gloriole.

Der sog. Wolfram. Die um 1160 entstandene Bronze-Freiplastik eines Leuchterträgers, des sog. „Wolfram" ⑨ im südlichen Kreuzarm stammt vermutlich ebenfalls aus dem romanischen Dom und wird mit der im 12. Jh. in Magdeburg tätigen Gießhütte in Verbindung gebracht. Sie ist in Thüringen das einzige erhaltene Zeugnis dieses Genres und eine der ältesten freistehenden Bronzeskulpturen Deutschlands überhaupt. Dargestellt ist ein fast lebensgroßer bärtiger Mann mit seitwärts erhobenen Armen, auf den Händen je einen Leuchterteller tragend. Ein weiterer Kerzendorn befand sich im Nacken der Figur. Die strenge Symmetrie des Körpers und der eng anliegenden Gewandung wird lediglich durch ein an der Gürtung hängendes schmales Futteral unterbrochen, in dem ein als Feuerzeug, Hobel oder Federmesser gedeuteter Gegenstand untergebracht ist. Auf den herabhängenden Gürtelenden eine ziselierte Inschrift mit einer Fürbitte und den Namen der wahrscheinlichen Stifter, des Schultheißen Wolfram und dessen Ehefrau Hiltiburc, die

1157 urkundlich in Erfurt erwähnt sind. Der vermutlich gleichzeitige Untersatz baut sich aus vier in Form von Fantasietieren gebildeten Füßen, die mit kleinen Fabelwesen und Tieren besetzt sind, auf und endet mit einem umlaufenden Zinnenkranz.

Die romanische Ampel. ⑩ Die im südlichen Kreuzarm hängende Bronzelampe ist eine jüdische Sabbatampel, die vermutlich um 1200 entstanden ist. Der sternenförmige, an Stäben hängende Teil diente als Ölbehälter und Dochtträger; am konischen, in sechs Zonen gegliederten Oberteil schwer zu deutende Reliefs unter rundbogigen Blendarkaden mit den vier Propheten, Samsonszenen, Szenen aus dem Leben Davids und weiteren alttestamentarischen Darstellungen sowie Rankenwerk und Löwenköpfe.

Das Sakramentshaus. Das aus Sandstein gefertigte Sakramentshaus ⑪ an der Ostwand des südlichen Kreuzarmes folgt in seinem architektonischen Aufbau und in gestalterischen Details Epitaphen des ausgehenden 16. Jh. In betonter Vertikalachse gliedert es sich in Anlehnung an spätgotische Flügelaltäre in eine Predellenzone, einen leicht breiteren Mittelteil und einen doppelgeschossigen Aufsatz und verherrlicht in seinem reichen plastischen Dekor die Sieben Sakramente, die teilweise mehrfach durch „die Propheten, die Historien und die Riten" (Inschrift am Mittelteil) belegt werden. Am Sockel die Taufe Christi, flankiert von den Evangelisten Matthäus und Markus, an den Fußteilen links Kindtaufe, rechts der Zug der Kinder Israels durch das Rote Meer; im Mittelteil eine Nische mit (erneuertem) Gitter für das Allerheiligste, Reliefs des siebenarmigen Leuchters, des Buchs mit sieben Siegeln, der sieben Säulen, sieben Posaunen, eines Rinds mit sieben Hörnern und der sieben Gefäße, jeweils durch Inschriften bezeichnet; seitlich der Nische die Evangelisten Johannes und Lukas und daneben Reliefs: Gottvater mit Adam und Eva und eine Priesterweihe, Heilswerkzeichen und sieben

Sakramentshaus, um 1580/90

Grabplatte für einen Grafen von Gleichen, um 1270

Feldzeichen. In der Bekrönung Relief des Abendmahles zwischen den Aposteln Petrus und Paulus, darüber Relief mit Skelett und Totenschädel unter der Szene der letzten Ölung zwischen den Statuen von Markus und Jakobus, ganz oben der Schmerzensmann. Der gesamte Aufbau wird durch antikisierende Gesimse und Friese gegliedert, als Schrifttyp wird die Antiqua-Versalie verwendet. Das 1580/90 entstandene Sakramentshaus ist ein Zeugnis der manieristischen Übergangsphase zwischen Spätrenaissance und Frühbarock. Dies belegt auch die freigelegte originale Fassung aus aus Blau, Grau und Gold. Eine Autorenschaft Hans Fridemans d. Ä. ist trotz offenkundiger Übereinstimmungen mit signierten Werken nicht nachweisbar.

Der hl. Christophorus ⑮. Als einziger Rest einer figürlichen Ausmalung des Domes hat sich an der Langhaus-Südwand die monumentale Darstellung des hl. Christophorus erhalten. Laut Inschrift wurde sie von Dechant Markus Becker 1499 gestiftet. Die Kolossalfigur des bärtigen Heiligen, der das Christkind auf seiner Schulter trägt und sich dabei auf einen Baumstamm stützt, watet durch einen seichten, von Wassertieren belebten Fluß; im Mittelgrund links die weitaus kleinere Darstellung des Eremiten und – nahezu miniaturhaft klein im Vergleich zur Hauptfigur – der kniende Stifter in der linken unteren Bildecke mit einem Schriftband und seinem Wappen. Im Landschaftshintergrund das Abbild einer der großen Kirchen Erfurts – wohl des Domes –, deren Turmhelme figürlich bemalt sind.

Epitaphe. Die aus zwei Teilen bestehende Bronze-*Gedenktafel* ⑫ für den 1521 verstorbenen Universitätsprofessor beider Rechte, Kanonikus und Scholaster des Marienstifts *Henning Goede,* die als ein Werk des Hans Vischer aus Nürnberg gilt, hängt an der Südseite des Langhauses. Aufbau und Gliederung des Epitaphs, Details, wie die Gestaltungsweise der Körper, Porträtzüge der Verstorbenen und auch der verwendete Schrifttyp, verweisen das Werk in die Frührenaissance. Unter einem antikisierenden Rundbogen ist im oberen, quadratischen Teil die Marienkrönung dargestellt, in den unteren Zwickeln links der kniende Verstorbene mit Wappen und Wahlspruch, hinter ihm Johannes der Täufer und ein Jüngling als Fürbitter; rechts spielende Engel in Wolken. Die Inschrift der unteren Platte enthält einen Nachruf auf Henning Goede, der zugleich Universitätsprofessor und Propst

in Wittenberg war, wo er auch begraben wurde. In der dortigen Schloßkapelle befindet sich ein zweites Epitaph, das ebenfalls aus der Werkstatt Vischers stammt.
Eine erst 1813 in den Dom überführte *Grabplatte* mit Resten originaler Bemalung für einen *Grafen von Gleichen* ⑬ mit zwei Frauen an der Langhaus-Südwand, ehemals Deckplatte einer Tumba in der Peterskirche und ihrer Umschrift beraubt, hat hinsichtlich des Bildinhalts zu unterschiedlichen Interpretationen geführt. Die ungewöhnliche Darstellung, nach Mitte des 13. Jh. unter weitläufigem Einfluß der Naumburger Domplastik entstanden, zeigt einen jungen Mann mit Wappen, Schild und Schwert in steifer Körperhaltung zwischen zwei Frauen in Zeittracht. Mit hoher Wahrscheinlichkeit handelt es sich um den Rest eines Stiftergrabmals, das erst nach dem Tod des Verstorbenen zu seinem Gedächtnis errichtet wurde und ihn mit seiner Gemahlin und einem weiteren Familienmitglied darstellt.
Zu den qualitätvollen Leistungen des Weichen oder Schönen Stils nach 1400 mit den charakteristischen weich und fließend fallenden Faltenpartien und lieblichen Gesichtsausdrücken gehört das mit „T R“ signierte Sandstein-*Epitaph* für den 1432 verstorbenen Patrizier und Mainzer Vicedominus *Johann von Allenblumen* ⑯, das dieser im Jahr 1429 in Auftrag gegeben hat. Auf einer waagerechten, mit Lilien dekorierten Konsole, die die rechteckige Platte mit den Hochreliefs teilt, die Anbetung der Hl. Drei Könige, im unteren Bereich das einander zugewandte kniende Stifterpaar mit Wappen auf einem Hügel und Bändern mit lateinisch verfaßten Bittsprüchen. Das Epitaph befindet sich an der Langhaus-Südwand.
In Anlehnung an den Aufbau spätgotischer Altarschreine wurde 1576 auch das monumentale, bemalte Sandstein-*Epitaph* für die *Familie von der Weser* ⑰ an der Langhaus-Südwand errichtet. Das von einem in Erfurt nicht nochmals nachweisbaren Bildhauer gefertigte Grabmal besteht, ähnlich wie das Sakramentshaus, aus Sockelteil (mit der Hochrelieffigur des hl. Andreas in einer antikisierenden Rundbogennische), doppelgeschossiger Predella (mit Darstellung der Stifterfamilie, Wappen, Putti und reicher Rollwerkkartusche), großem dreiteiligen Mittelstück (mit Ölbergszene, flankiert von Apostelstatuen in Nischen) und schmalerem Aufsatz (darin Relief der Auferstehung Christi zwischen zwei Aposteln und zwei Bischöfen) und einem Giebeldreieck (mit Himmelfahrt Christi und Auferstandenem). Das Hauptrelief ist eine Nachempfindung nach dem gleichnamigen Kupferstich Albrecht Dürers von 1508. Das Epitaph stellt den Beginn einer Entwicklung dieses Grabmaltyps in Erfurt dar und zählt zu den künstlerisch reiferen Leistungen der Bildhauerkunst der zweiten Jahrhunderthälfte, deren Hauptvertreter in Erfurt Hans Frideman d. Ä. war.
Für den 1579 gestorbenen Propst des Marienstifts und Vizekanzler der Universität, *Konrad von Breyttenbach,* fertigten Hans Frideman d. Ä. als entwerfender Bildhauer und Melchior Moeringk als Gießer, beide durch ihre Monogramme unter dem Wappen nachweisbar, die an der Langhaus-Westwand stehende, auf Sandstein aufgelegte *Bronzegrabplatte* ⑱. Der rechteckige Mittelteil besteht aus zwei Stücken, dem Wappen des Verstorbenen mit Helmzier und Akanthuswerk und einer Inschriftplatte mit Rollwerk. 1728 wurde die untere Platte hinzugefügt. An den Ecken wird die bandförmige Rahmung mit Antiqua-Versalien durch Rundmedaillons der vier großen lateinischen Kirchenväter unterbrochen. Die Inschrift beginnt oben links und setzt sich in der Rollwerkkartusche fort.
Anderen Persönlichkeiten des Domkapitels begegnet man in weiteren, teilweise künstlerisch bedeutungsvollen, zumeist flach reliefierten *Grab- und Gedächtnissteinen* des 15. und 16. Jh., die sowohl an den Langhauswänden als auch im Kreuzgang aufgestellt wurden, sich also nicht mehr an ihrem ursprünglichen Liegeort befinden.

Die Taufe, 1587

Die Taufe ⑲. Eines der bedeutendsten Ausstattungsstücke des 16. Jh. ist der im Westjoch des nördlichen Seitenschiffs stehende Taufstein, umfangen von einem bis in den Gewölbescheitel reichenden Gehäuse. Der 1587 datierte Taufstein selbst ist ein signiertes Werk Hans Fridemans d. Ä. In diesem Jahr legierte Dompropst Konrad von Breyttenbach für ihn 500 Gulden. Der achtseitige Aufbau aus Sandstein ist am Fuß durch Muschelnischen gegliedert; darin die fast vollplastischen Sitzfiguren der vier Evangelisten und ihre Symbole, an der geschweiften Kuppa zwischen Eckkaryatiden geflügelte weibliche Genien als Symbole der christlichen und der Kardinaltugenden und ein wappenhaltender Engel. Sämtliche Flächen sowie der hölzerne Deckel sind mit reichem Beschlagwerk ausgefüllt. Den baldachinartigen, feingliedrigen Gehäuseüberbau fertigte der in Erfurt nur durch dieses Werk nachweisbare Hieronymus Preußer. Der Unterteil besteht aus sechs schlanken Sandsteinsäulen auf hohen, dekorierten Postamenten über einer verkröpften Sockelzone mit vergittertem Aufgang an der Ostseite. Das sechsseitige, stark profilierte Gebälk, die halbkreisförmige, aus Rippen gebildete Kuppel mit flankierenden Obelisken und der mächtige bekrönende Obelisk sind nahezu durchweg mit Beschlagwerk besetzt und farbig gefaßt. In der Kuppelzone über dem Zugang Christus als Salvator mundi auf dem Regenbogen, korrespondierend mit einem Relief Gottvaters in Wolken am Gewölbeschlußstein, und Medaillons mit Brustbildern der in Erfurt besonders verehrten hll. Martin, Bonifatius sowie Adolar und Eoban.

Tafelbilder. Nach seiner Restaurierung 1985/86 erhielt das großformatige Tafelbild mit der *Kreuzigung* ⑥ einen neuen Standort an der Chor-Nordwand. Die Szene spielt sich vor einer weiten, perspektivisch angelegten Landschaft in differenzierten Grüntönen und der Stadt ,,Jerusalem" im Mittelgrund ab. Am Himmel erscheinen Sonne und Mond. Das um 1480/90 entstandene Bild ist eine Stiftung des am unteren Rand knienden Stifters mit dem Spruchband: ,,Miserere mei deus amen" und steht in stilistischem Zusammenhang mit dem Hauptwerk Linhart Koenbergks in Erfurt, dem Flügelaltar der Predigerkirche (dat. 1492).
Um 1470 entstand das wohl in Erfurt gemalte Tafelbild mit der *Kreuzigung Christi* ⑭ vor dunklem Grund an der Langhaus-Südwand. In der Mitte hängt der Gekreuzigte an einem breiten, aus Bohlen gefertigtem Kreuz, das in einem Felsen verkeilt ist; unter den Kreuzbalken die trauernden Maria und Johannes zwischen den seitlich angeordneten hll. Thomas und Jakobus d. Ä.
In einen ursprünglich in der Clemenskapelle stehenden Altar um 1730 wurde das signierte Tafelbild *Die Verlobung der hl. Katharina* von Lucas Cranach d. Ä. als Altarblatt ⑳ eingefügt. Er fand seine Neuaufstellung im nördlichen Seitenschiff. Eine nicht mehr vorhandene Inschrift nennt Georg Hirschbach als Stifter des Gemäldes und ,,Lucas" als Maler. An Hand vergleichbarer Darstellungen Cranachs entstand das Werk zwischen 1520 und 1530 und hing ursprünglich als Einzelbild im Chorraum. In einer pyramidal aufgebauten Figurengruppe mit sitzender Maria und dem Kind, Katharina und einer weiteren Heiligen, wohl Barbara, vor einem von zwei Engeln gehaltenen Vorhang wird die legendäre Traumszene geschildert, in der das Jesuskind der hl. Katharina den Ring in Erwiderung ihrer Hingabe ansteckt. Auf ihr später erlittenes Martyrium unter Kaiser Maxentius verweist das Schwert.
Acht an den Langhauspfeilern hängende konvexe *Tafelbilder* ㉑ sind Stiftungen Erfurter Bürger, entstammen unterschiedlichen Erfurter bzw. Thüringer Malerwerkstätten der 1. Hälfte des 16. Jh. und weisen Qualitätsunterschiede auf. Die Bildinhalte sind neutestamentlich oder allegorisch. Auf vier der Tafeln sind die Stifter am unteren Bildrand kniend dargestellt und entweder durch ihre Wappen oder

Tafelbild mit Kreuzigung, um 1480/90, im Hohen Chor

durch Spruchbänder ausgewiesen. An der nördlichen Pfeilerrreihe von Osten: Stammbaum Christi (signiert Peter von Mainz, datiert ,,1513''); Messe des Heiligen Gregor (datiert ,,1506''); Anbetung der Könige (datiert ,,1522'', wohl Werkstatt des Peter von Mainz); Gnadenstuhl (um 1530/40). An der südlichen Pfeilerreihe von Osten: die Hostienmühle (datiert ,,1534''); Himmelfahrt und Krönung Mariae (um 1520); Kreuzigung (um 1520, wohl Werkstatt des Peter von Mainz); Predigt Johannes des Täufers (signiert ,,N.S.'', datiert ,,1522''). Vom Maler der Marienkrönung vermutlich auch das im *Triangel-Portal* befindliche rundbogige Tafelbild ㉒ mit Christus auf dem Regenbogen um 1520/30.

Holzplastik. Von der vermutlich einst reichen, spätmittelalterlichen Ausstattung des Domes haben sich nur wenige Stücke aus Holz erhalten. Um 1360/70 entstand die kleine, in originaler Fassung erhaltene *Pietà* ㉓ an der Nordwand des Langhauses mit mädchenhaft dargestellter Maria und kindhaft kleinem Christuskörper. Die drei farbig gefaßten *Holzreliefs* ㉔ um 1470 sind Reste eines größeren Flügelaltares mit Szenen aus dem Marienleben: Geburt Christi, Anbetung der Hl. Drei Könige und Ausgießung des Hl. Geistes und entstammen einer Erfurter Werkstatt.

Sog. Tristanteppich, Ausschnitt

Sog. Einhornaltar, Mitteltafel, um 1420/30

Einhornaltar ㉕. Ein Werk hoher künstlerischer Qualität ist der sog. Einhornaltar im nördlichen Kreuzarm mit der in Thüringen im Mittelalter beliebten Darstellung der Verkündigung an Maria in der Allegorie der Einhornjagd auf dem Mittelbild, entstanden um 1420/30 unter Einfluß westfälisch-niedersächsischer Vorbilder und hinsichtlich des Kompositionsschemas und der Farbgebung verwandt mit Tafelbildern des Conrad von Soest. An den Seitenflügeln links eine die gesamte Tafel ausfüllende Kreuzigungsszene, rechts zwei übereinander angeordnete und damit die Symmetrie des Altars sprengende Szenen mit Christus in der Vorhölle und der Auferstehung Christi. Die Bemalung der Rückseiten ist nur in Resten erhalten.

Schatzkammern. Bis zur endgültigen Einrichtung einer Schatzkammer im Dombereich werden die überkommenen Kultgegenstände, die z. T. noch in liturgischem Gebrauch sind, in zwei mittelalterlichen Turmräumen aufbewahrt. Die kunst- und kulturgeschichtlich bedeutsamsten Stücke im Südturm ㉖: die sog. *Elisabethkasel,* eine farbige figürliche Seidenstickerei auf Leinwand mit Darstellungen

aus dem Leben Christi und Mariens, mit weiblichen Heiligen, Bischöfen und einem als „praepositus henricvs" bezeichneten Stifter; die Anfang des 14. Jh. in Thüringen (Erfurt?), entstandene Kasel ist die einzige in Mittel- und Norddeutschland erhaltene in dieser Ausprägung. – Ein *Wandbehang,* weiße Plattstickerei mit figürlichen Darstellungen unter Dreipaßarkaden, wohl 1. Hälfte 14. Jh. – Der sog. *Tristanteppich* aus dem Benediktinerinnenkloster Würzburg, zartfarbige Wollstickerei auf Leinen mit Szenen aus der Tristanlegende und Inschriften, 2. Hälfte 14. Jh. – Vier *Kopfreliquiare* des 12. bis 15. Jh. – *Reliquienkasten,* Holzkonstruktion mit Beinbelag, darin durchbrochene Maßwerkrosetten, um 1300. – Bergkristall-*Standkreuz,* venezianisch um 1300, im Kreuzschnittpunkt Miniaturen der thronenden Maria und Kreuzigung. – Zwei silberne, getriebene, gegossene und gravierte teilvergoldete *Reliquienkapseln,* um 1500. – Zwei *Alabasterstatuetten,* die Apostel Johannes der Täufer und Andreas mit je einer kleinen Stifterfigur, wohl in Erfurt unter böhmischem Einfluß entstanden, Teile einer Dreifigurengruppe, um 1420/30.
Ein reicher Bestand an *Kelchen, Patenen, Monstranzen* und *Reliquiaren,* darunter Augsburger und Erfurter Silberarbeiten des 18. Jh., sowie an *Paramenten,* vorwiegend des 18. Jh., wird im Nordturm ㉗ aufbewahrt.

Sog. Elisabethkasel, Anfang 14. Jh.

Alabasterstatuetten, um 1420/30, in den Schatzkammern

Ausstattungsstücke der Krypta. Ihren endgültigen Standort erhielt nach wechselvollem Schicksal die *Sandsteintumba* mit den Gebeinen *von Adolar und Eoban,* den Gefährten des hl. Bonifatius, in der Krypta. Das um 1360 entstandene Grabmal enthielt ursprünglich einen Schrein, der jedoch um 1525 während des Bauernkriegs eingeschmolzen wurde. Die Seiten der Tumba sind durch Fialen und Kielbogenarkaden gegliedert, in den flachen Nischen stehen teilweise erneuerte Skulpturen, die nicht eindeutig benennbar sind, sich jedoch mit hoher Wahrscheinlichkeit auf das Wirken der Heiligen beziehen, deren Gebeine schon im Jahre 1154 im Dombereich aufgefunden worden waren.
Ein weiteres mittelalterliches Kunstwerk ist das *Hl. Grab,* eine aus dem nach 1400 in Holz gefertigten Leichnam Christi und Sandsteinskulpturen der trauernden Frauen und Johannes bestehende Figurengruppe um 1450/60. Die kürzlich wiederaufgefundene, figurenreich bemalte Truhe um 1450/60 konnte auf Grund ihrer Maße als dazugehöriges Grab identifiziert werden.
Um 1500 entstand die wohl ehemals im Freien in einer Nische aufgestellte *Ölberggruppe* des betenden Christus und zweier schlafender Jünger aus Holz.

Glocken. Unter den noch erhaltenen älteren Glocken nimmt die *Gloriosa* einen herausragenden Rang ein. Sie zählt zu den bedeutenden Schöpfungen der Gießerkunst Europas und ist gleichzeitig durch ihre Höhe von etwa 2 m und dem Durchmesser von 2,57 m eine der größten mittelalterlichen Glocken überhaupt. Ihr 5. Neuguß – Glocken gleichen Namens waren gesprungen oder durch Brände zerstört worden – erfolgte durch den niederländischen Glocken- und Geschützgießer ,,Gerhardus Wou de Campis" auf dem Hof zwischen Dom und Severikirche im Juli 1497. Sie ist nicht nur durch ihre Klangschönheit und -fülle, sondern auch durch die Friese aus Rosetten- und Weinlaub zwischen Ringlinien, durch die Wahl der Schrifttype und die beiden gleichgeformten Reliefs der Madonna im Strahlennimbus eine der vollendetsten Glocken. Infolge eines 1984 entstandenen Risses an der Flanke und am Schlagring mußte sie 1985 in einem komplizierten Spezialverfahren an Ort und Stelle geschweißt werden. Die in beiden Weltkriegen durch Zwangsablieferung verlorengegangenen Glocken der hll. Joseph und Christophorus wurden 1961/62 unter gleichem Namen neu gegossen. Von den älteren Glocken sind noch erhalten: ,,Dreifaltigkeit" (von N. J. Sorber, 1721), ,,Johannes" (von N. J. Sorber, 1720), ,,Cosmas und Damian" (von Jakob König, 1625), ,,Cantabona" (1492) und eine namenlose Glocke (um 1475).

Rolf-Günther Lucke

Literaturauswahl: Busch, Rudolf: Deutsches Chorgestühl in sechs Jahrhunderten. Hildesheim und Leipzig 1928. – Drachenberg, Erhard: Die mittelalterliche Glasmalerei im Erfurter Dom. Berlin 1980 und 1983. – Giesecke, Hans: Das alte Erfurt. Leipzig 1972. – Goern, Hermann: Mittelalterliche Kirchenfenster im Dom zu Erfurt. Dresden 1961. – Gutsche, Willibald (Hrsg.): Geschichte der Stadt Erfurt, 2. Aufl. Weimar 1989. – Greinert, Paul: Erfurter Steinplastik des vierzehnten und fünfzehnten Jahrhunderts. Diss Leipzig 1905. – Haetge, Ernst: Die Erfurter Grabplastik des 15. und 16. Jahrhunderts. Diss. Halle 1927. – Klapper, Josef: Die Blutkapelle des Erfurter Domes. Leipzig 1962 (= Erfurter Theologische Studien 12). – Kloos, Werner: Die Erfurter Tafelmalerei von 1350 bis 1470. Berlin 1935. – Die Kunstdenkmale der Provinz Sachsen, Band 1, Die Stadt Erfurt: Dom, Severikirche ... Burg 1929 (Inventarband). – Kunze, Herbert: Die gotische Skulptur in Mitteldeutschland. Bonn 1925. – Kurt, Joachim: Aus Erfurts Glockenstuben. Erfurt 1979. – Lehmann, Edgar/Schubert, Ernst: Dom und Severikirche zu Erfurt. Leipzig 1988. – Loening, Lilli: Das Chorgestühl im Dom zu Erfurt. Diss. Marburg 1925. Erfurt 1925. – Mertens, Klaus: Der Dom zu Erfurt. Berlin 1975. – Meyer, Hans Gerhard: Eine Sabbatampel im Erfurter Dom. Diss. TU Braunschweig 1981. – Meyer, Hans Gerhard: Der Erfurter Wolfram und die Magdeburger Wettinwerkstatt. In: Der Braunschweiger Burglöwe. Göttingen 1985. – Möller, Roland: Das Stuckretabel im Dom zu Erfurt, ein Vorbericht. In: Beiträge zur Erhaltung von Kunstwerken, Heft 3. Berlin 1987. – Overmann, Alfred: Die älteren Kunstdenkmäler der Plastik, der Malerei und des Kunstgewerbes der Stadt Erfurt. Erfurt 1912. – Passarge, Walter: Der Dom und die Severikirche zu Erfurt. Burg 1926. – Sareik, Udo: Die Ostteile von Vorgängerbauten des Erfurter Domes – Untersuchungen über ihre ursprüngliche Gestalt. In: Wissenschaftliche Zeitschrift der Hochschule für Architektur und Bauwesen Weimar 27, 1989, Heft I/2. – Schilling, Franz Peter: Erfurter Glocken. Die Glocken des Domes, der Severikirche und des Petersklosters zu Erfurt. Berlin 1968. – Schoder, Hans: Denkmalpflege am Erfurter Dom. In: Denkmale in Thüringen. Weimar 1973. – Schürenberg, Lisa: Die ältere Baugeschichte des Erfurter Domes. In: Sachsen und Anhalt 4, 1928. – Timpel, Wolfgang: Älteste Kirche Erfurts aufgefunden. Pressemitteilung Februar 1992. – Ausst.-Katalog Schätze aus Erfurter Kirchen, Erfurt 1992 – Die Forschungsergebnisse der Herren Prof. Dr. Lehmann und Prof. Dr. Schubert aus ihrem o.g. Werk fanden bei der Erarbeitung des Textes besondere Berücksichtigung.

Große Glocke „Gloriosa“, 1497

Legende zum Grundriß

1 Triangel-Portal
2 Portal des Kreuzgang-Ostflügels
3 Mittelalterliche Verglasung
4 Chorgestühl
5 Hochaltar
6 Tafelbild mit Kreuzigung, um 1480/90
7 Chorhals
8 Stuckretabel
9 Leuchterträger, sog. „Wolfram“
10 Romanische Ampel
11 Sakramentshaus
12 Gedenktafel für Henning Goede
13 Grabplatte für Graf von Gleichen
14 Tafelbild Kreuzigung Christi, um 1470
15 Hl. Christophorus
16 Epitaph für Johann von Allenblumen
17 Epitaph für Familie von der Weser
18 Bronzegrabplatte
19 Taufe
20 Verlobung der hl. Katharina
21 Gestiftete Tafelbilder
22 Tafelbild mit Christus auf dem Regenbogen
23 Pietà
24 Holzreliefs mit Szenen aus dem Marienleben
25 Einhornaltar
26 Schatzkammer im Südturm
27 Schatzkammer im Nordturm

Vordere Umschlagseite: *Hauptansicht von Süden*
Rückwärtige Umschlagseite: *Triangel-Portal von Westen*

Fotos: S. 18, 19, 37 Edda Henning, Erfurt; S. 32 H. G. Schröder, Erfurt, alle anderen Aufnahmen Kurt Gramer, Bietigheim-Bissingen. – Grundriß S. 39: Ute Ihl.

Schnell, Kunstführer Nr. 1887 (von 1991) 6. Auflage 2000

Leibnizstraße 13, D-93055 Regensburg
Telefon: (09 41) 7 87 85-0 · Telefax: (09 41) 7 87 85 16
Druck: Erhardi Druck GmbH Regensburg

ISBN 3-7954-4039-4